DANS MA COMMUNAUTÉ

LE SERVICE D'INCENDIE DE MA VILLE

COLLECTION CRABTREE « LES JEUNES PLANTES »

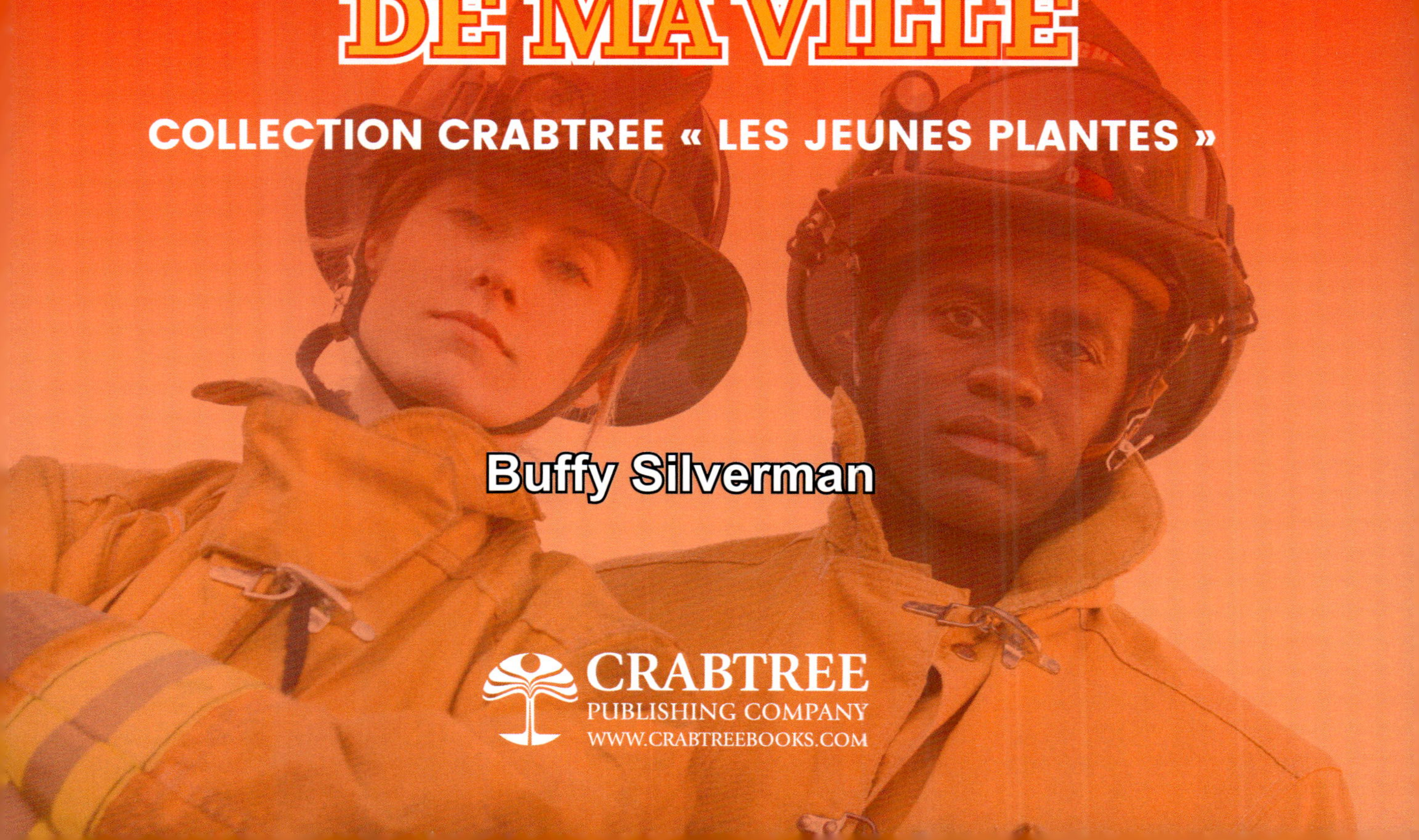

Buffy Silverman

CRABTREE PUBLISHING COMPANY
WWW.CRABTREEBOOKS.COM

Je veux être un **pompier** ou une pompière.

Les pompiers éteignent les incendies et nous protègent.

Ils **sauvent** les gens et les animaux.

WSFPD
FIRE-RESCUE
39
FIREFIGHTER

Les pompiers se déplacent dans des camions de pompiers.

Certains camions de pompiers sont équipés d'une échelle .

ENGINE TWELVE
BRIDGEPORT FIRE DEPT.
BFD
E-12

AIR AIR

Certains camions de pompiers pompent l'eau dans des **tuyaux** d'incendie.

Les camions de pompiers ont des **sirènes** et des gyrophares.

Les pompiers portent des **masques** et des vêtements spéciaux.

Tu peux les appeler en cas d'urgence.

Les pompiers et pompières sont braves.

Glossaire

masques (mask) : Les masques sont portés sur le visage pour le protéger ou le cacher.

pompier /pompière (pon-pié) (pon-pièr) : C'est une personne qui a été formée pour éteindre les incendies.

sauvent (sov) : Quand tu vas au secours quelqu'un, tu le sauves d'une situation dangereuse.

sirènes (si-rèn) : Les sirènes sont utilisés comme avertissement. Elles font des sons très stridents.

tuyaux (tui-yau) : Les tuyaux sont de tubes longs et courbés qui permettent à l'eau de s'écouler.

urgence (ur-gen-s) : Une urgence est une situation dangereuse. Nous composons le 911 pour une urgence.

Index

Soutien de l'école à la maison pour les gardien(ne)s et les enseignant(e)s.

Ce livre aide les enfants à se développer grâce à la pratique de la lecture. Voici quelques exemples de questions pour aider le(a) lecteur(-trice) à développer ses capacités de compréhension. Des suggestions de réponses sont indiquées.

Avant la lecture

- Quel est le sujet de ce livre? Je pense que ce livre est au sujet des pompiers et pompières. Il peut nous dire comment les pompiers combattent les incendies.
- Qu'est-ce que je veux savoir sur ce sujet? Je veux en savoir plus sur les camions de pompiers.

Durant la lecture

- Je me demande pourquoi... Je me demande pourquoi les pompiers portent des masques.
- Qu'est-ce que j'ai appris jusqu'à présent? J'ai appris que les camions de pompiers sont équipés d'une échelle, de tuyaux, de sirènes et de gyrophares.

Après la lecture

- Nomme quelques détails que tu as retenus. J'ai appris que les pompiers gardent les gens en sécurité. En cas d'urgence, nous pouvons les appeler si on a besoin d'aide.
- Écris les mots peu familiers et pose des questions pour mieux comprendre leur signification. Je vois le mot ***sauvent (du verbe sauver)*** à la page 6 et le mot ***sirènes*** à la page 14. Les autres mots de vocabulaire se trouvent aux pages 22 et 23.

Crabtree Publishing Company

www.crabtreebooks.com 1–800–387–7650

Version imprimée du livre produite conjointement avec Blue Door Education en 2021.

Crédits photos : Couverture © SanchaiRat, logo © AWesleyFloyd p. 2-3 © Littlekidmoment; p. 4 5 © worradirek; p. 6 © Utekhina Anna, p. 6-7 © Lilac Mountain; p. 8-9 © mikeledray; p. 10 11 © Keith Muratori; p. 12-13 © Mike Brake; p. 14-15 © welcomia; p. 16-17 © zulkamalober; p. 18-19 © yotanan chankheaw; p. 19 illustration téléphone © alexmillos; p. 20 21 © Monkey Business Images. All photos from Shutterstock.com

Imprimé au Canada/042021/CPC

Auteur : Buffy Silverman
Coordinatrice à la production et technicienne au prepress : Amy Salter
Coordinatrice à l'impression : Katherine Berti
Traduction : Claire Savard

Publié au Canada par Crabtree Publishing
616 Welland Ave.
St. Catharines, ON
L2M 5V6

Publié aux États-Unis par Crabtree Publishing
347 Fifth Ave
Suite 1402-145
New York, NY 10016

Catalogage avant publication de Bibliothèque et Archives Canada

Disponible à Bibliothèque et Archives Canada